爸爸给青春期男孩的成长指南

米诺 ○ 著

天津出版传媒集团

天津杨柳青画社

图书在版编目（CIP）数据

爸爸给青春期男孩的成长指南 / 米诺著 . -- 天津：天津杨柳青画社，2024.8. -- ISBN 978-7-5547-1339-6

Ⅰ．G782

中国国家版本馆 CIP 数据核字第 2024AM0799 号

出 版 者	天津杨柳青画社
地　　址	天津市河西区佟楼三合里 111 号
邮政编码	300074

爸爸给青春期男孩的成长指南
BABA GEI QINGCHUNQI NANHAI DE CHENGZHANG ZHINAN

出 版 人	刘　岳
责任编辑	黄　婷
策划编辑	王苹苹
执行编辑	胡若婵
装帧设计	陆东英
编辑部电话	（022）28379182
市场营销部电话	（022）28376828　28374517　28376928　28376998
传　　真	（022）28376968
邮购部电话	（022）28350624
印　　刷	优奇仕印刷河北有限公司
开　　本	1/16　787mm×1092mm
印　　张	8
版　　次	2024 年 8 月第 1 版
印　　次	2024 年 8 月第 1 次印刷
书　　号	ISBN 978-7-5547-1339-6
定　　价	46.80 元

目录

第1章 生理篇

我长喉结了！/2

我全身长毛了！/6

声音变得低沉且嘶哑！/10

不经意间就长高了！/14

天哪，床上那是什么？/18

第2章 心理篇

我很难控制自己的情绪！/24

一辈子的好朋友！/28

我把喜欢深藏在心底！/32

爸爸、妈妈，请给我空间！/36

我为什么会有离家出走的想法？/40

第3章 学习篇

不要逃避学习上的难题！/46

我不想听这个老师的课！/50

怎么一到考试就紧张？/54

除了学习，还有户外运动！/58

高效学习的快乐！/62

第4章 安全篇

学校里总有人欺负我,怎么办?/68

远离校园暴力,不要好勇斗狠!/72

交通安全,不容忽视!/76

我摆脱不了手机,怎么办?/80

第5章 素质篇

做个有礼貌的少年!/86

探索未来的职业方向!/90

做个高情商男孩!/94

抛开虚荣,做认真、踏实的人!/98

第6章 社会篇

谨慎对待"哥们儿义气"!/104

该存钱还是该消费?/108

别让不良嗜好污染了花季色彩!/112

怎样面对成功和失败?/116

独立自主才能真正长大!/120

第1章

生理篇

男孩进入青春期，身体上会发生很多变化，比如，脖子上长出了喉结，声音变粗了，身体各处开始长毛，一觉醒来床单上湿了一片……这些突如其来的变化，可能会让男孩措手不及，开始对自己的身体有些"搞不懂"了。

其实，男孩身体上的这些奇妙变化都是青春期的正常现象，每个男孩都会经历。所以，不必慌张、不必害羞，坦然接受身体的变化吧。男孩，你长大了！

我长喉结了!

青春期现象

1 我的脖子上不知不觉突出了一块骨头，我很好奇这是什么，妈妈说这是喉结。

2 我一直错误地认为只有男孩子才会长喉结。但后来我发现有些女孩子也有喉结，不过很小。

3 并不是所有男生的喉结都很突出，有的男生喉结大，有的男生喉结小。

我也有喉结！

4 哈哈，我也有喉结，可能我有点儿胖，所以看起来不太明显。

喉结，指人咽喉部位的软骨突起。青春期时，男孩喉结突出是正常现象。出现喉结后，男孩的声音会变得浑厚、低沉。喉结大小是存在个体差异的，有的人喉结大，有的人喉结小。

爸爸告诉我

儿子，爸爸最近看你总是有意无意地触摸自己脖子上的喉结，看来，你开始对自己身体上的变化产生好奇了。

儿子，爸爸告诉你，喉结突出是男孩进入青春期的特有标志。男孩到了青春期，受体内雄性激素的影响，喉结会向前突出。不过，喉结的突出程度也是因人而异的，它与发育得好不好并没有多大关系。许多运动健将的喉结也不是很明显。儿子，你的喉结看起来比较突出，爸爸觉得，突出的喉结让你看上去更成熟、更有男人味儿了呢！

儿子，你可能会发现，一些女生在进入青春期后也会长喉结。其实，这并没有什么好惊讶的，有的女生体内分泌的雄性激素较多，会使喉结突出；有的女生喉结大，可能是因为遗传因素；还有的女生可能是因为太瘦了，所以喉结会很明显。

儿子，伴随着喉结的出现，你的声音也会发生变化，会变得低沉、浑厚，就像爸爸的声音这样。儿子，爸爸讲了这些，相信你对喉结应该有了更清楚的认识。儿子，你已经长大了，坦然接受身体上的变化吧！

保护嗓子

出现喉结是男生进入变声期的标志,此时的声带非常脆弱,需要特别保护。因此,不要大声说话和长时间唱歌,以免造成声带损伤。

多喝水

充足的水分可以维持声带的正常功能,所以要多喝水。

注意饮食

合理饮食,保持营养均衡。多补充钙质、维生素、蛋白质,如瘦肉、牛奶、鸡蛋,以及蔬菜、水果等,促进身体的正常发育。

不熬夜

熬夜会导致体内激素分泌异常,进而影响身体的生长发育。

我全身长毛了!

青春期现象

1 有一天,我照镜子的时候忽然发现自己竟然长胡子了。

2 不知道什么时候腋窝处也长出了腋毛,夏天容易出汗,身上的味道好大!

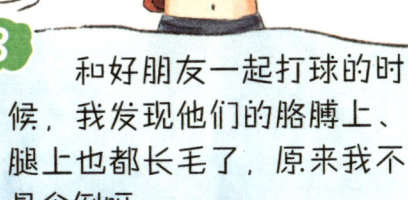

3 和好朋友一起打球的时候,我发现他们的胳膊上、腿上也都长毛了,原来我不是个例呀。

4 我身上怎么长这么多毛,好苦恼啊!我真想把它们一根根都拔下来。

青春期男孩发现自己浑身长毛了,千万不要惊慌,你的身体并没有出现什么问题,这是正常现象。体毛的浓密程度与种族、遗传等因素有关。体毛有保护皮肤、调节体温、阻挡灰尘等作用,所以,请善待你的体毛吧。

爸爸告诉我

儿子，爸爸今天看见你对着镜子欣赏自己的胡子，身体的变化很奇妙吧？儿子，长胡子意味着你正在发育，你正向着成熟男子汉的行列迈进，恭喜你！

除了长胡子，儿子，你肯定还发现自己的胳膊上、腿上、腋下、私处都长毛了，不要惊讶，也不要奇怪，这都是青春期发育的正常现象，与你同岁或岁数相仿的男孩都会经历这些。

儿子，你知道吗，男孩到了青春期，毛发开始蓬勃生长，几乎遍布全身——私处、腋下、脸上、腿上、胸脯……而且毛发会随着你的成长越来越浓密。不过，有些男孩过了青春期才长胸毛，有些是20多岁才开始长，也有些男孩根本不长胸毛，这也是因人而异的。

儿子，当你身上长毛后，你发现自己容易出汗了，这是因为，处于青春期的你，身上的汗腺变得更活跃了。出汗是身体自我调节的一种方式，能够帮助你保持体温平衡。儿子，正处于青春期的你，身体还会发生很大的变化，你有任何疑惑都可以询问爸爸，爸爸会在第一时间给你答疑解惑。

注重个人卫生

勤洗头、勤洗澡，清洁皮肤，保护毛囊，有效减少皮肤病的发生。

勤换衣物

勤换衣物，特别是贴身衣物应每日更换，保证身体的卫生和健康。

不拔体毛，保护毛囊

身上长毛了，千万不要用手去拔。拔体毛容易破坏毛囊，继而造成毛囊炎或引起皮肤感染。

青春期现象

1 明明没有感冒，嗓子却又干又痒，好像有什么东西堵住了，好难受呀。

2 和好朋友一起出去唱歌，声音时好时坏，以前轻松发出的高音现在发不出来了。

3 妈妈不允许我吃麻辣火锅，她说是为了保护嗓子。啊！我与麻辣火锅无缘了。

4 我说话时声音变得很低，有时还会突然破音。

到了青春期，男孩体内的由睾丸分泌的雄性激素会使喉结上方的甲状软骨变大并向前突起。雄性激素还会使声带增长变厚，男孩的嗓音就会由童声变得粗而低沉，酷似成年男性的声音。

爸爸告诉我

儿子，其实爸爸这几天已经发现了你声音的变化。首先，恭喜你，你已经进入青春期了。青春期是每个人从小孩子变为成年人需要经历的一个阶段。

一般情况下，男孩从13岁开始进入变声期，15岁时，几乎所有男孩都已进入变声期。变声期的长短因人而异，可能是4~6个月，也可能是一年左右。女孩也有变声期，但由于声调变化不大，所以变声期前后的声音没有太大的区别。

儿子，你的声带现在正在发育，它很娇贵，一不小心就会出现充血、水肿的情况，这就是你有时候会感到喉咙不舒服的原因。

儿子，你在变声期一定要注意保护嗓子，因为这个时期的声带发育会影响你以后的说话声音。我想，你一定不希望自己以后的声音是嘶哑的吧，那样的话，说话和唱歌都会受影响的。

儿子，你可能并不喜欢你现在的声音，但是，你要知道你的声音正处在一个变化的阶段，慢慢就会好起来的。等到你的声带发育完成后，你的声音就会变得有磁性、有魅力了。

"三要"原则

要多喝水：喝水能缓解喉咙的干痒和不适，预防喉咙发炎。

要锻炼身体：锻炼身体有助于增强身体的免疫力。

要保证睡眠充足：充足的睡眠能促进身体的正常发育。

"三不要"原则

不要大声吼叫：大声吼叫会对声带造成损伤，有时这种损伤是不可逆的。

不要长时间说话：长时间说话会使声带处于疲劳的状态，影响它的正常发育。

不要吃辛辣、刺激性食物：辣椒、芥末，以及辣条、油炸食品等都可能会对喉咙造成刺激，影响声带发育。

青春期现象

1 一家人出去逛街的时候，我发现我的身高竟然超过了妈妈和姐姐，都快赶上爸爸了。

2 去年买的运动鞋，只穿了几次，今年就变小了，脚怎么也塞不进去了。

3 我总是感觉腿上的肌肉疼，爸爸说这是因为我在长个子呢！

你已经吃第三碗了。

4 我吃得更多了，肚子很容易饿，午餐能吃下三大碗米饭。

青春期是男孩身高快速增长的阶段，一般来说，男孩的发育比女孩要稍微延后一些，男孩身高突增的时期是13~17岁。

爸爸告诉我

青春期是男孩身高增长的高峰期。儿子，当你感觉到自己的身高在不断增长的时候，你可能还会发现，有些男孩和女孩的身高长得比较慢，和以前相比没有太大变化。这是因为，每个人的生长发育情况不同，有的人发育得早，有的人发育得晚。而且，身高的变化还和遗传、营养、运动、睡眠等因素有关。所以，即便有的同学现在没有长高，也属于正常现象。

儿子，在身体快速长高的过程中，你的胳膊、腿、手、脚都会跟着快速生长，这就是你总是说衣服、鞋子穿不了的原因了。与此同时，你可能还会感到肌肉疼痛。这是因为肌肉没有骨骼生长得快，肌肉被骨骼拉扯就会产生疼痛感。这时，你可以通过热敷、锻炼来缓解。

儿子，爸爸发现你长高后越来越喜欢打篮球了，这是一个非常好的爱好，爸爸希望你能将这个爱好一直坚持下去。当然，爸爸也要提醒你，运动的时候要学会保护好自己，避免在运动中拉伤肌肉或摔伤。

医生告诉我

健康饮食

青少年应该多吃富含钙质、蛋白质的食物，比如牛奶、鸡蛋、瘦肉等，吃这些有助于骨骼的生长。

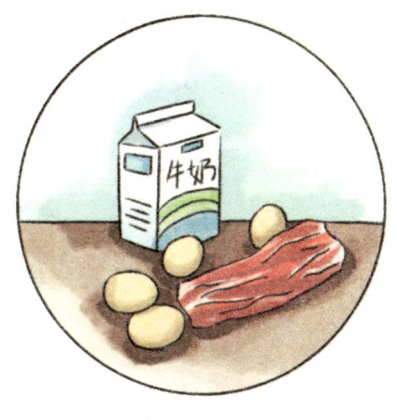

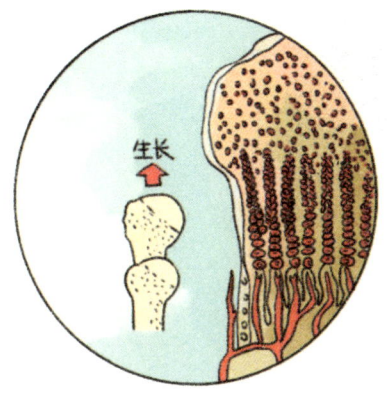

坚持锻炼

多进行体育运动，特别是跳跃运动。它能对骨骺位置产生刺激，促进骨骺的骨化，进而促进骨骼的生长。

不抽烟、不喝酒

烟草中的有害物质对骨骼的生长会产生影响；酒精刺激肠胃，影响营养的正常消化吸收，间接地影响骨骼的生长发育。

不熬夜

促进骨骼生长的生长激素一般是在睡眠时间分泌，所以青少年尽量不要熬夜，保证睡眠充足。

天哪，床上那是什么？

青春期现象

1 一天早上,我睡醒后发现床上湿了一片,难道我尿床了?后来才知道我这是"遗精"了。

2 我晚上睡觉的时候总是时不时地做一个令人脸红心跳的梦。

3 穿牛仔裤走在路上,走着走着,感觉下面不对劲了。

4 和好朋友一起玩的时候,玩着玩着下面就"湿了",真的好尴尬。

"梦遗"就是在睡梦中排出精液,"梦遗"又称为"遗精"或"梦精"。遗精是男性生殖腺开始成熟的标志。如果你也有遗精的现象,不必慌张,要知道这是青春期男孩身上会出现的正常现象。

爸爸告诉我

儿子，前两天爸爸无意间看到你在洗手间偷偷洗内裤，当我走过去，你快速把内裤藏了起来。其实，你不必隐藏，爸爸知道你遗精了。青春期男孩出现遗精是正常现象。

儿子，男孩在进入青春期后，身体会自发地出现射精现象，这叫遗精。这说明你的性器官已经发育成熟，开始产生精液了。男性的精液来自睾丸，睾丸生产精子。一般来说，男孩的首次遗精平均年龄为13~15岁。精满则溢，身体内容不下的精子就会以遗精的方式排出体外。

遗精通常发生在睡梦中，有时候也会出现在运动中或者衣物摩擦的时候，所以，就算白天遗精了，也不必尴尬，因为这是男孩在青春期会出现的正常现象。

当然，如果你发现自己遗精的频率过高，或者伴随有其他不适症状，比如疼痛、尿频等，那么就需要及时告诉爸爸，我们一起去医院寻求专业医生的帮助。

儿子，我希望你能以开放、理性的态度看待自己身体的变化，不要害羞或恐惧。爸爸会一直在你身边支持你、陪伴你。

注意卫生

青春期男孩更喜欢运动,如果不注意个人卫生,很容易出现各种健康问题。勤洗澡、勤换内裤是对自己的健康负责的表现。

转移注意力

做自己喜欢的事能帮助青少年缓解青春期带来的负面情绪和压力,增强自信心和自尊心。

穿宽松的内裤和裤子

青春期男孩的身体正在发育,应该穿面料透气、柔软的内裤和裤子,不要束缚身体。

床单上放一块毛巾

睡觉前在床单上放一块毛巾,能有效避免因弄脏床单引起的尴尬。

青春期的身体变化，原来是这么一回事！它既不尴尬、不羞涩，也没那么神秘，它是男孩迈向成熟的重要标志。现在，不管你是即将步入青春期对未知产生好奇的男孩，还是已经步入青春期对身体变化有困惑的男孩，相信你都在书中找到了想要的答案，相信你不会再对身体上的变化感到困惑和不解了吧。

如果你有想对爸爸说的心里话，请写下来。

我的心里话

第 2 章

心理篇

青春是美丽的花季,也是恼人的雨季。男孩长大了,再也不是以前那个懵懂的小孩子了。初次体验成长,感觉新奇又美好。

这个阶段,男孩的情绪波动会比较大;交友圈变大了,渴望真挚的友情,也交付了绝对的真诚;开始对异性产生好感,也有喜欢的女孩了;自主意识越来越强,有许多自己的想法。青春期的心理变化,让男孩品尝到了成长的甜蜜与酸涩。

我很难控制自己的情绪！

身体里有"火"冒出来，好生气啊！

他怎么生气了？

青春期现象

1. 好朋友和我的意见有分歧的时候,我总是想让他听我的,否则,我就会很生气。

2. 遇到不顺心的事情就容易急躁,做事也缺乏耐心,不懂得什么叫作"等待"。

3. 我不会控制自己的情绪,火气还特别大,谁招惹了我,我就会让他"吃不了兜着走"。

4. 我的好胜心很强,但是又缺乏恒心和毅力,别人如果做得比我好,我就会有深深的挫败感。

男孩进入青春期后,自尊心、好胜心变得更强,如果做一件事看不到结果,容易产生放弃的念头。任何一种情绪表现的背后都是有原因的。青春期男孩脾气大、易急躁,与体内的雄性激素分泌旺盛有关。

爸爸告诉我

儿子,早上你问我,最近是不是感觉你的脾气很大,爸爸有点儿意外你会这么问,同时也为你感到开心。你能这么问,说明你对情绪有了自我察觉的能力。男孩进入青春期后,身体内雄性激素的分泌明显增加,雄性激素会对情绪产生非常大的影响,这就是你容易发脾气的原因。

儿子,你是否也发现,处在青春期的你的心态也在发生改变。你的自尊心和胜负心变得越来越强了,你总是想通过一切方法来证明自己的强大。但是,证明自己的同时,你也面临着许多挫折,这让你感到很烦躁。其实,这都是很正常的。要知道,成年人也常常被各种事情搞得焦头烂额,更何况你们呢。

但是,儿子,无论遇到什么事情,爸爸希望你都能拥有良好的心态,尤其是在面对困难的时候,更应该保持理智。比起急躁,爸爸觉得冷静会让你更有力量。儿子,现在你已经察觉到自己的负面情绪了,也知道了它的来源,你要做的就是不被负面情绪控制,用理智的方法去缓解它,做情绪的主人。

心理专家告诉我

坚持运动

运动可以促进大脑分泌多巴胺和内啡肽,帮助缓解焦虑和压力,使人的心情变得更加愉悦。

培养兴趣和爱好

利用课外时间学习书法、绘画或者音乐,这些都可以陶冶情操,缓解压力。

经常与他人沟通

遇到想不明白或者不顺心的事情,可以与信任的亲人或者老师进行沟通,他们或许能提供有用的建议。

青春期现象

1 我和小轩是无话不说的好朋友。我们俩有着共同的爱好——打篮球。正是因为爱打篮球，我们才成为好朋友的。

2 昊昊约我晚上10点去逛夜市，我觉得太晚了，外面不安全，所以，我拒绝了他。

3 我想和萱萱做朋友，但萱萱说她只想和成绩好的同学做朋友，这让我很伤心。

4 我和同桌是好朋友，我们都喜欢看书，经常在一起交流读书心得。

我们每天都会和不同的人打交道，也因此会交到不同的朋友。好的友谊会对我们的人生有积极的影响，不好的友谊会对我们的人生产生负面影响，阻碍我们的成长。所以，怎么交朋友，和谁做朋友，真的很重要。

爸爸告诉我

儿子,你的生日快到了,你跟爸爸说要请10个朋友来家里开生日派对,但一直在纠结要不要请阿泽和阿明。

阿泽以前和你是同班同学,你们经常一起玩耍,是非常好的朋友。但你说这学期分班后阿泽交了新朋友,与你的关系越来越疏远了,上次他过生日就没请你,这让你很不开心。儿子,爸爸非常理解你,毕竟友谊是相互的,如果是我,我肯定也会不高兴的。儿子,如果你确定阿泽已经没把你当朋友了,我想,生日派对请不请他,你在心里已经做了决定,你可以听从自己内心的声音。

还有阿明,他和我们住在同一个小区,你们上幼儿园时就是好朋友。以前你们放学后总是一起回家,你说这学期他一放学就去网吧打游戏,还和社会青年交朋友,养成了说脏话等各种坏习惯,也不再和你结伴回家了。听你说,你劝他很多次,他都不听,你不知道要不要继续和他做朋友。

儿子,没有人是永远不变的,你改变不了阿明,也不认可他的做法,那么,就此终止这段关系也属明智之举。

儿子,爸爸说的这些只是我个人的建议,仅供你参考。在交友方面,爸爸愿意尊重你的选择。"近朱者赤,近墨者黑",爸爸相信你懂得其中的道理,爸爸更相信你能做出正确的选择。

交正确的朋友

与积极、正能量、价值观相同的人做朋友，遇到问题时，他们能提供富有建设性的意见，能给予积极的鼓励与支持。

与兴趣相投的人做朋友

相同的兴趣、爱好有助于友情的升温。有相同兴趣、爱好的人之间也会有更多的共同话题，不至于因为意见不同而经常产生分歧。

和而不同

允许自己做自己，允许别人做别人。接受他人的不同，保持自己的个性，不迎合朋友，也不把自己的想法强加给朋友。

及时解决冲突

好朋友之间发生矛盾时，应该冷静，试着站在对方的立场上想问题。遇到问题不要逃避，及时解决才是友谊长存的关键。

青春期现象

1 小新对小果产生了好感，他总是用各种方式追求小果，这让小果非常苦恼。

2 我看到自己喜欢的女生和别的男生在一起有说有笑，我很难过，我真想把他俩分开。

3 我们班的小宇和芳芳经常在背地里手牵着手，难道他们俩在一起了？

4 乐乐和小欣谈恋爱后就无心学习了。而且，他俩也成了班级中大家日常谈论的焦点。

随着年龄的增长，男孩的生理和心理逐渐发育成熟，会对异性产生好感，有时候会抑制不住内心的冲动，想要和对方"在一起"。有这样的心理变化很正常，但千万不要把这种感情当作爱情。

爸爸对我说

儿子,你说班上有个女生向你表白了,你说你很苦恼,虽然你也喜欢她,但是你觉得现在不是谈恋爱的时候,你不知道该怎么回应她。爸爸很高兴你愿意主动跟爸爸分享你的青春期"小秘密"。同时,爸爸也真替你高兴,因为你喜欢的女生也喜欢你,而且,她还主动向你告白了,这说明你是一个有魅力的男生。

说到谈恋爱,儿子,爸爸很认同你的想法,现在确实不是谈恋爱的好时机,你们目前应该以学业为重。你们现在还没有赚钱的能力,如果你们离开父母,可能连自己都无法养活,更何况照顾彼此。爱情不只意味着互相喜欢,更多地意味着对伴侣和家庭的责任。

儿子,人生的路很长,我们不用急于一时。如果她真的喜欢你,你也真的喜欢她,你们可以先做好朋友,在学习上互相帮助,共同成长。等你们长大后,有能力承担责任了,如果彼此还是喜欢,那时候再在一起,爸爸和妈妈都会祝福你们的。

心理专家告诉我

理解和接受

喜欢他人或者被他人喜欢都是很正常的事情，不必过于焦虑。端正心态，认清现实，知道什么阶段该做什么事情。好的感情都是长久的，告诉自己和他人——把这份喜欢留给未来。

平衡学业和生活

制订合理的学习计划表，既要努力学习，也要时刻关注自己的生活和心理。多交正能量的好朋友，培养兴趣和爱好，转移对异性的注意力。

正确的认知

阅读相关的心理学书籍，参加青少年心理健康讲座，正确看待青春期所谓的"爱"。

爸爸、妈妈，请给我空间！

妈妈，您为什么什么都要管？

青春期现象

1 妈妈总是不经我同意就看我的聊天记录，我真的很生气。我感觉妈妈侵犯了我的隐私。

2 我明明就没有音乐细胞，妈妈非要让我学钢琴。我什么时候才能有自主选择权呢？

3 妈妈给我报了好几个课外辅导班，我感觉每天除了学习还是学习，我好累呀。我想要有一点儿自己的时间。

4 每次吃零食的时候，妈妈总要唠叨我，说零食不健康，可我只是偶尔吃一下呀。

少吃"垃圾食品"。

> 步入青春期，男孩有自己的想法和主见了，父母管束严格，会让男孩感到被束缚和缺少独立自主的空间。这时，男孩需要静下心来和父母好好沟通，勇敢地说出自己的想法与感受，同时提出自己的需求。

爸爸告诉我

儿子，刚才你生气地对我说，我和妈妈总是管着你，让你缺少自由的空间——你想学吉他，爸爸逼你学奥数；你几点睡觉，妈妈也要管……爸爸听你这么说，心里很难受，没想到我和妈妈对你的关爱，反而给你带来了压力。

儿子，因为我和妈妈觉得青春期是你人生成长的关键期，所以可能平时对你的关注过多了。我和妈妈以后会适当放手，让你自己做决定。

儿子，你现在是大孩子了，有独立思考的意识了，在生活和学习上，如果我和妈妈的做法让你感到不舒服，爸爸希望你能主动与我们沟通，及时把你的想法告诉我们。比如你想学吉他这件事，你从来没跟我提过；你对奥数不感兴趣的事，你以前也没有和我们沟通过。

"父母之爱子，则为之计深远"，做父母的总是对自己孩子的未来考虑得比较长远，希望你能理解爸爸、妈妈。我和妈妈以后也会尽量站在你的角度想事情。当然，我希望我们以后能够平等地沟通，彼此换位思考，不能像这次一样以争吵的方式进行沟通。

心理专家告诉我

学会控制情绪

情绪稳定才能有效沟通。无论发生什么事情，都要学会控制情绪，不要带着情绪做事情。

我可能会……

学会换位思考

父母和孩子都应该学会换位思考。父母的意见通常是出于对子女的关爱。试着站在父母的角度去理解他们，这样就会减少很多矛盾。

学会倾听，诉说需求

与父母沟通时，认真倾听是对父母的理解和尊重。直接向父母表达自己不愉快的感受，说清楚希望父母怎么做。

青春期现象

1 妈妈总是把我当小孩子，每天都在我耳边给我讲那些大道理，我都听腻了。

2 以前，我和爸爸是无话不谈的"好哥们"，但现在我们之间总是发生争执，因为我们总是不认同彼此的观点。

作业写完了吗？

3 妈妈总是对我提要求，总是指责我，我好像永远都无法做到让她满意，我该怎么办？

4 爸爸和妈妈总是拿我和别人比较，难道我真的一无是处吗？我有时候在想，我到底是不是他们的亲儿子。

在叛逆期，男孩的自主意识和自尊心会很强烈，需要父母的认同与尊重。有时候，父母没能及时理解男孩的想法，还对男孩加以管束时，男孩的逆反心理就会变得更严重，总想跟父母对着干。

爸爸对我说

儿子，爸爸知道你还在生气，但此刻你更需要冷静。爸爸知道，没经过你同意给你报了游泳课，你很不开心。

爸爸一直认为，游泳是一项很好的运动，可以锻炼身体，也可以提高自我保护能力，所以未经你同意就给你报了游泳课。但我没有意识到，你对这项运动并不感兴趣，甚至感到害怕。我没有站在你的角度去理解你，没有充分尊重你的意愿和感受，我深感自责，希望你能原谅爸爸。

儿子，你是我生命中最重要的人，你的快乐和健康是我最关心的事情。我希望我们能够坦诚地交流，共同面对和解决这个问题。爸爸在成长的过程中也经历过叛逆期，也和父母起过争执，但我从来没有想过离家出走，毕竟这种过激的做法不能解决任何问题，反而会使问题朝着更坏的方向发展。

儿子，我希望我们能够坐下来心平气和地聊一聊，爸爸愿意倾听你的想法，承认并改正自己的错误。我相信，只要我们相互理解、相互尊重，我们的关系一定会变得更加融洽。儿子，请把你的情绪放在一边，冷静地跟爸爸好好谈谈吧。

心理专家告诉我

积极与父母沟通

与父母保持良好的沟通。与父母的意见不一致的时候,也要尽量尊重父母,不与父母发生争吵,恰当地表达自己的想法。

学会自我调整

男孩子大多有一段时间的叛逆期,接纳叛逆期的负面情绪,寻找合适的方式来调节情绪,比如做运动、听音乐。

培养解决问题的能力

多读书,多思考,多与身边有智慧的人交流,培养自己独立解决问题的能力。

培养自控能力

学会控制自己的情绪和行为,不要让坏情绪控制自己,不要在情绪激动的时候做决定。

　　青春期是男孩迈向成熟的一个必经阶段,青春期男孩在心理上有起起伏伏的变化是很正常的。坦然接受青春期的迷茫与困惑,这是男孩成熟的表现。

　　情绪来了,及时调整;朋友之间,互相帮助,共同成长;爱情不只是眼前的喜欢,还有责任与担当……男孩,你应该了解自己,尊重他人,主动解决成长中的困惑,慢慢地,你就能成为更好的自己。

　　如果你有想对爸爸说的心里话,请写下来。

　　　　　　　我的心里话

第3章

学习篇

青春期，人的思维最活跃，在这段时间里，我们需要全身心地投入学习中，不浪费一分一秒。

学习对我们的成长和发展很重要。学习能让我们增长知识和学问，能锻炼我们的思维，提升我们的认知。学习可以帮助我们实现梦想，让我们在进入社会后找到理想的工作。我们在该学习的时候努力学习，长大后才能实现自己的价值，拥有美好的未来。

青春期现象

好难呀，都不会。

1 作业一多，我就不知道该先做什么，有时候什么都不想做。

2 英语太难了，各种语法、句型，我一点儿都记不住。妈妈总是给我买各种英语学习资料，我根本不想看。

最后一道题太难了，还是空着吧。

3 考试时，我遇到难题就空着。

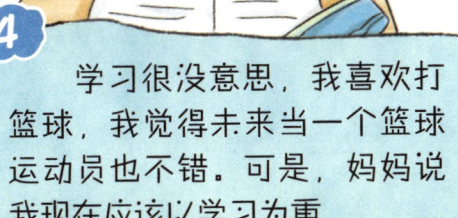

做题太累人了，还是打篮球快乐！

4 学习很没意思，我喜欢打篮球，我觉得未来当一个篮球运动员也不错。可是，妈妈说我现在应该以学习为重。

青少年的学业比较繁重，面临的学习压力也比较大，对难题有畏难心理也很正常。但是，我们不能一遇到难题就想放弃，要摆正学习的心态，找到适合自己的学习方法，迎难而上。

儿子，最近连着几次英语考试你都考得不太理想，你沮丧地对我说英语好难，你有点儿不想学了。儿子，爸爸完全能理解你的心情。但是，学习是一个漫长的过程，一次考试并不能说明什么，它只能代表你一个阶段的学习成果。所以，爸爸希望你不要自暴自弃。

英语是世界通用语言，会说英语是一项非常重要的技能。儿子，学好英语不仅是为了取得好成绩，更重要的是，还有助于你开阔视野，能让你有更多的机会去认识世界。

英语是一门语言，爸爸感觉到，学习英语不能仅仅局限于学校，生活中也有很多学习英语的机会。上次我们一起去电影院看了一部外国科幻片，当时你还很激动地跟我说影片里有些台词你学过呢。爸爸很欣慰你能把课本知识和生活联系在一起。

儿子，做事要讲究方法，英语学习也是一样。你可以尝试着找到适合自己的英语学习方法，只要方法得当，英语学习就能事半功倍。下面，让我们一起来看看你做错的那些英语题，好好地分析分析错误的原因吧。

老师告诉我

制订学习计划

根据自身的学习情况，制订合理的学习计划，坚决按照计划来学习。学会分解学习任务，逐步克服学习中遇到的难题。

分配好学习时间

合理安排各学科的学习时间，尽量不要出现偏科的情况。对于不喜欢的学科，试着从中找到自己的兴趣点，带着兴趣去学习，学习效果会更好。

寻找学习方法

学习要有方法，有效的学习方法能让学习事半功倍。找到适合自己的学习方法，如做笔记、积累错题、每日复盘等。

青春期现象

1 我喜欢风趣幽默的老师，可是语文老师好严肃，我不喜欢上语文课。

2 我的英语口语不好，可英语老师总让我在课堂上与她对话。所以，现在一上英语课我就头疼。

3 数学老师讲课太快了，我完全跟不上他的节奏，一堂课下来，我感觉什么也没有听懂。

这么简单，还用讲吗？

4 这道题我听老师讲八百遍了，还在讲。这么简单的题有必要反复地讲吗？

不喜欢听某个老师讲课，可能是主观地不喜欢这个老师，也可能是客观地不习惯这个老师的教学方式。如果是自身偏见，要试着改变自己。如果是老师的教学方式问题，可以试着向老师表达自己的诉求。

爸爸告诉我

儿子，这学期你换了语文老师，你的语文成绩大不如从前了。吃晚饭时，爸爸还听到你说，好想让以前的语文老师回来，你不喜欢现在的语文老师。

爸爸问你为什么不喜欢这个语文老师，你说这个语文老师太严肃了，每天上课都绷着脸，而且讲课速度很快，你还没听明白呢，他就讲到后面了。你说不只是你，班上很多同学都和你有同样的感受。

儿子，你们语文老师上课时严肃，那是他对工作认真负责的一种态度，也和他的性格有关系。每个人的性格不一样，你不可能要求这位语文老师的性格和以前的语文老师的性格一样。

儿子，你们现在这位语文老师爸爸也见过，我感觉他为人还是很好的。至于讲课速度太快这个问题，爸爸想说，每个老师都有自己一贯的讲课风格，你和同学们也要试着接受。当然，如果这位语文老师的讲课方式确实存在问题，你和同学们也可以主动找他沟通，提出你们的需求。我想，老师都是很愿意与你们沟通的。

老师告诉我

积极与老师沟通

如果对某位老师有意见，一定要积极地与老师沟通。如果其他同学和你有同样的问题，你们可以一起去找老师沟通，也可以选一个学生代表去沟通。沟通时务必说明原因，提出需求。

从自身找原因

如果只有自己无法适应老师的讲课方式，那就需要进行自我分析，是学习基础不好，还是对老师有偏见，抑或是不习惯老师的教学方式。找到原因后，及时解决问题，也可以向老师寻求帮助。

怎么一到考试就紧张？

怎么一到考试就肚子疼？

青春期现象

1. 每当快考试的时候,我就特别紧张,紧张到晚上无法入睡。

2. 我最害怕期中考试和期末考试了,每次看到黑板上写的"考试倒计时",我就希望时间过得慢点儿,总感觉还有很多东西没有学会。

3. 一到考试的时候,大脑就一片空白,平时会做的题也都不会做了,会背的知识点也都想不起来了。

4. 不管遇到什么考试,一紧张我就肚子疼,想上厕所。

很多人在考试之前都会有紧张的情况,有些人紧张程度轻,稍微进行自我调整就好了;有些人紧张程度重,会紧张到手脚发抖。要想改变紧张的心态,就需要找到原因,有针对性地进行调整。

爸爸告诉我

儿子，爸爸看到黑暗中有个人影时吓了一大跳，原来是你！没想到平日里天不怕地不怕的你也会因为考试而焦虑得睡不着觉，这让爸爸有点儿意外。

说到考前焦虑，其实很多人都会有。爸爸还记得自己也曾在高考前连着好几个晚上都没睡好，就是因为太紧张了。所以，爸爸太能理解你此刻的心情了。但是，不管是在考试前还是在考试中，太过紧张肯定是不行的。就拿爸爸来说，我就是在高考的时候因为紧张导致发挥失常，要不然以爸爸的能力肯定可以考上重点大学。

儿子，上周爸爸看到你没心思复习，感觉你应该是有点儿焦虑。这周，你每天都睡得很晚，花了大量的时间复习。昨天你还在我面前熟练地背英语单词，爸爸相信你已经复习好了。所以，你不要过度焦虑，你应该相信自己，努力了肯定会有回报的。

儿子，爸爸希望你能放下心中的负担，轻装上阵，就算没考好，又有什么关系呢？儿子，你已经不是小孩子了，应该懂得每次考试的意义，所以，放轻松点，以平常心来对待这次考试吧。

调整呼吸

每次感到紧张、焦虑时,深呼吸10次,深呼吸可以快速缓解紧张。

适当地运动

运动可以促进全身血液循环,让身体得到放松。

制订学习计划

制订学习计划,平时认真学习,考前认真复习,这样考试的时候就不会担心考不好了。

寻求帮助

如果每次考试都感到难以克制的紧张且无法缓解,可以向心理咨询师寻求帮助。

除了学习，
还有户外运动！

学习之余，我最喜欢的体育运动是打篮球。

青春期现象

1. 放学后，和同学们踢一场足球，感觉很放松。

2. 我喜欢上体育课，因为上体育课可以锻炼身体，最重要的是，我可以利用这段时间好好放松放松自己。

3. 看到有同学在户外玩耍，我就无法安心学习。

4. 学习任务重，我根本没有心思运动，更别说玩了。

学习要注重劳逸结合，我们除了要抓紧时间好好学习外，还要定期参加户外运动。参加户外运动不仅有助于保持身体健康，还能磨炼我们的意志力，拓宽我们的交际圈，提升我们的学习效率。

爸爸告诉我

儿子，今天是周末，小轩约你出去打篮球，你以学习太忙为由拒绝了。接着，你走进自己的房间学习了整整一天。儿子，爸爸看到你这么努力，很感动，但也很担忧，爸爸担心你的身体会吃不消呀。

爸爸知道你正面临着升学压力，你希望把更多的时间用到学习上。但是，人身体的承受能力是有限的，长时间的学习，身体和大脑都会疲劳，而且，学习效率也会变低。儿子，有好成绩的前提是有一个好身体，所以，你一定要抽出时间多参加一些运动，因为适当的运动能缓解学习带来的疲劳，提高学习效率。

儿子，你现在每天除了吃饭、睡觉，就是学习，眼睛的负荷也很大。爸爸希望你能保护好自己的眼睛，让眼睛得到更好的休息。

儿子，爸爸知道你是一个懂事、爱学习的好孩子，但是，你不能因为学习而忽视自己的健康。爸爸希望你能多参加一些户外运动，这不仅不会耽误你的学习，而且对学习还是有益的。所以，现在就放下手中的笔，出去玩吧！

户外运动的好处：

预防近视

参加户外运动可以让身体接受太阳光的照射，可以有效预防眼睛近视。

有益于身体健康

参加户外运动能促进身体的血液循环和新陈代谢，有益于身体健康。

提高学习效率

户外运动能促进全身的血液循环，增强大脑的血氧供应，有助于缓解学习压力，增强学习动力，提高学习效率。

磨炼意志力

户外运动中克服困难、战胜自我的过程，可以磨炼意志力。

高效学习的快乐!

学会画思维导图后,做阅读理解题容易多了!

青春期现象

1 自从按照学习计划表开始学习后，我的学习效率越来越高了。

2 看了《高效学习法》后，我找到了适合自己的学习方法。

3 熬夜学习并不是一个好的学习习惯。我现在每晚都会好好睡觉，这样白天才能有充沛的精力去学习。

4 我不是一个笨孩子。因为当我改变了学习方法后，我的成绩也显著提高了。

任何学习都是讲究方法和技巧的，当你感到学习很吃力时，不妨试着改变自己的学习方法。有效的学习方法可以提高学习效率，让学习事半功倍。找到最适合自己的学习方法，你会发现学习的乐趣和效果倍增。

儿子，你说自己做作业速度慢、效率低，你说你羡慕同班做作业效率高的同学，你说他们总能在规定时间内完成作业，而且还有很多玩的时间。你问爸爸，你是不是很笨。

爸爸很认真地告诉你，你一点儿都不笨。你能做出别人做不出的数学题，你也能很快学会骑自行车，这足以证明你是个聪明的孩子。但是，你说自己写作业慢，爸爸觉得根本原因在于你在学习上没有明确的计划。

儿子，我记得有一次你放学回来就开始做数学作业，做到最后的时候有两道数学题不会做，你想了很久也想不出来。我让你先去完成别的功课，倔强的你就是不听，坚持要做出来这两道题。可是，一直到晚上9点，你也没有做出来，而且其他作业一点儿也没做。从这件事上可以看出，你在学习方面是缺少计划的。

儿子，爸爸知道你很爱学习。但是，爸爸更希望你能在学习方面有一个计划，毕竟，有目的、有计划地学习，学习效率才会提高。

儿子，听完爸爸说的这些话后，你应该知道自己为什么做作业速度慢、效率低了吧？爸爸希望你能认真反思，自己尝试着解决这个问题。

老师告诉我

制订学习计划

制订详细的学习计划,规定每项学习任务的完成时间。计划制订出来后,必须严格执行。

语文:学习第12课课文
数学:熟记勾股定理
英语:默写第一单元单词

归纳总结

定期对所学知识进行归纳总结,比如,每晚睡前回忆今天学习的内容。

做笔记

在学习过程中,要及时做笔记,记录重点和难点。

注重学习方法

不同的人有不同的学习方法,要找到适合自己的学习方法,提高学习效率。

  学习能增长知识,提升认知,使我们在未来拥有更大的发展平台。好好学习,我们将受益一生。

  其实,学习并没有我们想的那么难,成绩没得到提升,肯定是学习方法不对,改变自己的学习方法,列出学习计划,合理安排学习时间,及时归纳总结,这些都可以有效地帮助我们正确地学习。

  彩虹总在风雨后,阳光总在乌云后,成功总在失败后。只要我们相信自己,有上进心,愿意为了学习付出汗水,我们终会有所收获的。

  如果你有想对爸爸说的心里话,请写下来。

我的心里话

第4章

安全篇

生活中，安全问题无处不在。青春期是一个人精力充沛、情感丰富的时期，也是容易冲动的时期。在这个时期，男孩可能会因为不会处理情绪而与同学发生争执，情绪过激时可能还会拳脚相向；也有可能抵挡不了网络的诱惑，误入歧途；还有可能因为缺乏安全常识，让自己陷入危险之中。

因此，青春期男孩一定要对一些安全问题有所了解，这既有益于自己，也有益于他人。

学校里总有人欺负我，怎么办？

青春期的不良现象

1 有一个女生长相一般,学习也一般,班里的另外几个女生有意孤立她,还让更多的人不要跟她来往。

2 我总是在操场上遇到别的班的一个男同学,他总是给我找碴儿。这天他又故意把我撞倒,不道歉就走开了。

3 同桌很霸道,总是抢我的文具,还不让我告诉老师。

4 阿强平时总让我帮他写作业,考试的时候还让我给他传纸条,如果我不听他的话,他就要揍我。

校园也是一个"小社会",在这里我们会认识到很多同学,身边的同学有友好、善良的,也有嚣张、跋扈的。当有人故意欺负我们时,我们要勇于反抗,及时维护自己的合法权益。

爸爸告诉我

儿子,爸爸昨天接你放学的时候看到你被一个男生推了一下,你差一点儿摔倒,爸爸看到你很生气,但你并没有回击。若不是爸爸走过去,我感觉那个男生可能还会欺负你。

从小到大,爸爸一直教你做一个善良、正直的人,但爸爸今天还想告诉你,善良并不意味着要忍受欺负。在面对他人恶意的攻击时,你要勇敢地说"不",必要的时候也要勇敢地反击,保护好自己。儿子,如果下次这个男生还这么对你,你一定要学会反击,不能任由他欺负你。

儿子,如果在社会上遇到有人欺负你,如果对方身上带有管制刀具等危险物品,这时一定不要与他们硬碰硬,可以暂时委曲求全,找到时机再及时跑开,尽快寻找治安管理人员并向其求助。

儿子,爸爸、妈妈和老师都非常关心你的成长。我们是长辈,也是朋友,你在学校遇到什么事情,一定要及时告诉我们,不要害怕,不要隐瞒,我们都会帮助你、保护你的。

儿子,你要知道,无论何时,家都是你温暖的港湾,爸爸和妈妈都是你可以无条件信任的人。

警察叔叔告诉我

及时寻求帮助

被欺负时,应该及时告诉老师或治安管理人员,他们可以采取适当的措施来保护你,并惩罚那些欺负你的人。

告诉爸爸、妈妈

如果感到害怕或无助,可以告诉爸爸、妈妈,他们会鼓励你、保护你,帮你想办法解决问题。

增强自我保护能力

利用课外时间学习散打、跆拳道,增强自我保护能力,避免被他人欺负。

不要独自行动

尽量不要独自行动,尤其是在晚上,不要一个人去偏僻的地方。平时也要多交一些朋友,遇到困难时可以请朋友帮助自己。

远离校园暴力，不要好勇斗狠！

青春期的错误行为

1. 我就是看不惯他,就是要好好教训教训他,让他知道我的厉害。

2. 对面学校的男生输了拔河比赛不服气,还骂我们,我们去教训他们一顿。

3. 他推了我一下,我要更用力地推回去,我们谁都不愿意吃亏。

4. 和隔壁班的男生吵架,要是输了就太没面子了。

同学之间相处,有矛盾是正常的,但好勇斗狠并不能解决矛盾,以暴制暴只会加剧矛盾,让事态恶化。青春期男孩应该培养自己的耐心和定力,让自己变得越来越沉稳,越来越有包容力。

爸爸告诉我

儿子,听说你今天在学校为了班级荣誉跟隔壁班男生吵了一架,还差点打起来。儿子,为集体的荣誉做事是值得表扬的,但你这次的做法确实不太正确。儿子,你正处于青春期,很容易因为一些小事而感到愤怒和不满。但我希望你能学会控制自己的情绪,不要好勇斗狠、以暴制暴。

你说你本来不想和他们吵架,是他们故意说一些难听的话来激怒你。所以,爸爸觉得你目前最应该学的就是,遇到问题保持冷静,控制情绪。儿子,这次你幸好只是和隔壁班的男生吵了一架,没有上升到肢体冲突,这说明你还是有自控力的。

儿子,我想你也在网上或者电视上看到过很多关于校园暴力的事件,爸爸希望你能远离校园暴力,不要成为施暴者,也不要成为受害者。

学校也是一个"小社会",你现在如果能学着与同学们友好相处,未来你也能更好地与社会上的人相处。总之,人与人之间的关系是一门很深的学问,爸爸和你一样也需要多加学习呢。

警察叔叔告诉我

培养法律意识
培养法律意识，知道校园暴力是一种犯罪行为，不因一时的冲动做出不理智的行为。

及时化解矛盾
发生矛盾时，与同学多沟通，想办法化解矛盾，避免因小摩擦而引发不必要的争斗。

寻求大人的帮助
实在不知道怎么办时也不要以暴制暴，与父母、老师多沟通，向他们寻求帮助。

树立正确的价值观
尊重他人、友善待人，不要以强欺弱，每个人都有尊严和价值，应该平等对待。

常见的交通安全隐患

1 放学的路上,小军和小利全然不顾自身安全,在马路上互相追逐,使得开车的叔叔和阿姨们疯狂地按喇叭。

2 京京早上怕上学迟到,还没等绿灯亮就急匆匆地走过人行横道,差点儿被一辆驶来的公交车撞到。

3 梅梅过马路时没走人行横道,一辆摩托车转弯时把她撞倒了,摩托车车主也逃跑了。

4 为了节省上学时间,辉辉无视交通规则,直接从马路中间的护栏上翻了过去。

交通安全不容忽视,青少年要遵守交通规则,过马路时要看红绿灯、走人行横道,不在马路上玩耍、打闹。遇到交通事故,若肇事车主逃跑,应保持冷静,立即报警,并寻求过路人的帮助。

爸爸告诉我

儿子，你在电话里对爸爸说你被一辆摩托车撞倒了，爸爸十分担心。来到医院，看到你只是擦伤，爸爸悬着的心才放下来。儿子，你没事就好。

刚刚你的同学冬冬已经跟我说明了情况：放学路上，你去捡滚落到地上的篮球，不小心被一辆摩托车撞倒了。车主见你倒在地上，立刻逃跑了。冬冬说，当时你们都很害怕，不知道怎么办，你给我打了电话，路边有个好心的姐姐帮你们报了警，警察把你送到了医院。

儿子，经历了这件事后，你一定更加懂得遵守交通规则的重要性了。以后，放学路上要更加小心，不要在马路上玩耍，过马路时要看红绿灯，走人行横道。同时，也要注意路况，提高警惕。如果不幸发生交通事故，不要惊慌，先保护好自己，然后立即报警，让警察来处理。

儿子，生活中总会有一些意外我们无法预测。但是，我们可以做好防范和应对措施，最大程度地保护自己。

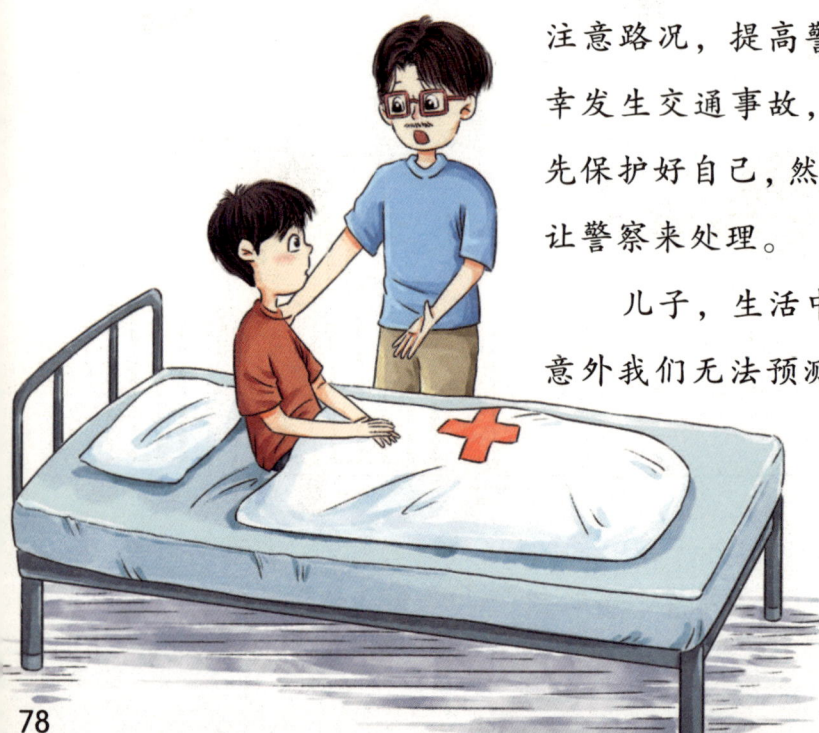

警察叔叔告诉我

遵守交通规则

遵守交通规则，如红灯停，绿灯行，黄灯亮了等一等。过马路时，应该走斑马线，并注意观察交通情况，确保安全后再通过。

不随意穿越马路

不随意穿越马路，特别是在没有交通信号灯或者斑马线的地方。如果需要过马路，应该走安全的地方，如过街天桥或者地下通道。

不乘坐非法车辆

不乘坐非法车辆，如无牌无证车辆、超载车辆。这些车辆存在很大的安全隐患，容易引发交通事故。

增强自我保护意识

学会自我保护。走在马路上要注意观察四周，遇到危险应及时避开，也要学会在紧急情况下采取正确的应对措施。

我摆脱不了手机，怎么办？

青春期的错误行为

1 我最近迷上了一款游戏，只要有时间，我就想要玩一会儿，一点儿都不想学习了。

2 由于长时间玩手机，我的眼睛近视了。医生说我必须严格控制玩手机的时间，否则眼睛的近视度数会不断加深。

3 自从爸爸给我买了电脑之后，我在网上认识了很多网友，他们每天都会在网上跟我聊天。

4 每晚睡觉前我都会玩一会儿手机，这好像已经成了一种习惯，但我知道这个习惯并不太好。

网络有利也有弊。青少年长时间使用电子设备不仅会影响视力，还会分散学习的注意力。所以，要合理安排上网时间，既要充分利用网络资源，又要避免沉迷其中。

爸爸告诉我

儿子,你跟爸爸说你最近很苦恼,你说长时间玩手机耽误了你的学习,你说想要克制自己不玩手机,可是一旦有空闲时间,你就想玩手机。你问爸爸,你是不是有网瘾,要怎样才能戒掉呢?

儿子,爸爸很理解你,因为爸爸有时候也会控制不住自己,也总是想玩手机。不过,儿子,你能意识到玩手机耽误了你的学习这一点还是很棒的,这表明你意识到手机对你的负面影响了,爸爸真替你高兴。

儿子,你说你用手机上网主要是想通过玩游戏和看搞笑视频来让自己放松一下,那么爸爸觉得你可以通过做一些自己感兴趣的事或有益于身心的活动,比如下棋、打篮球、看书、听音乐,来缓解压力和疲劳。

儿子,爸爸觉得你并没有上网成瘾,你只是在空闲时间才会想要玩会儿手机。爸爸知道,你的大部分时间还是用在学习上的。爸爸相信,只要你决心改变自己,你就能戒掉对手机的依赖,不让自己沉迷其中。

心理专家告诉我

做一些替代活动

可以做一些健康的、有益于身心的活动，比如跑步、画画、听歌，以此来分散对网络的注意力。

制订目标与计划

制订明确的戒网瘾目标，并制订详细的计划，约束自己每天的上网时间，并严格按照计划执行。

请他人监督

可以寻求家人、老师、朋友的帮助，让他们帮忙监督自己。

寻求心理辅导与帮助

如果网瘾问题严重，可以考虑寻求心理咨询师的帮助，专业的心理咨询师可以提供有效的戒网瘾方法。

  成长之路不会一帆风顺。在成长的道路上,青少年会面临诸多的安全问题,比如校园欺凌、交通安全、上网成瘾等。这些问题若不能及时解决,不仅会影响个人的成长和发展,也会对社会的健康发展造成一定的影响。

  正处于青春期的男孩,一定要学会保护自己,具体来说就是,要提高警惕性,提升识别危险的能力;遭遇危险,能快速做出反应,采取正确的方法化险为夷。安全大于一切,青少年必须牢记于心。

  如果你有想对爸爸说的心里话,请写下来。

我的心里话

第5章

素质篇

青春期，男孩的身心经历着巨大的变化。青春期的男孩，不仅要关注自己的身心健康，更要注重自身素质的培养。深厚的涵养、优雅的品性可以成为男孩独特的人格魅力，这种魅力将帮助男孩建立和谐的人际关系，有助于男孩找到有发展前景的好工作，拥有幸福、美好的人生。

男孩，请正视自身素质的培养，努力成为一名德智体美劳全面发展的人吧。

做个 有礼貌 的少年!

青春期现象

1 小时候，奶奶总是照顾我，现在奶奶年纪大了，腿脚也不方便了，我常常扶她出去散步。

2 最近一段时间，妈妈吃完晚饭总要加班忙工作，她真的很辛苦，这时我会像她照顾我一样为她端来一杯牛奶。

3 我和我的同桌有着共同的兴趣和爱好，我们总在一起探讨学习上的难题。我觉得未来我们还会是好朋友。

4 打扫班级卫生的时候，女生们扫地，作为男生的我主动去打水。我觉得男生应该照顾女生，应该主动承担力气活。

彬彬有礼、待人友善的男孩更容易获得他人的认可和尊重。要想做一个有礼貌的男孩，就要注意日常的言谈举止，比如不说脏话、孝顺父母、尊敬师长、友爱同学等。

爸爸告诉我

儿子，今天我们来动物园游玩，一到动物园门口就看到两条长龙般的队伍。虽然排队的人很多，但你也没有抱怨和不耐烦。在售票窗口买完票后，你很自觉地跟着爸爸来到队伍末尾排队。儿子，你的这份耐心和守规矩的行为让爸爸感到很欣慰，爸爸为你点赞。

就在大家自觉排队时，一个男生和一个女生突然插队站到了一位老爷爷的前面，全然不顾老爷爷和周围人的不满眼光。爸爸没想到，这个时候你会直接走向那对男女生，然后诚恳地对他们说"打扰了，请你们不要插队，我们每个人都排了很长时间的队"。

那对男女生听你这么一说，先是一愣，然后脸上露出了羞愧的表情，接着灰溜溜地跑向了队伍后面。你的做法获得了人们的赞赏，大家纷纷向你投来赞许的目光，老爷爷也对你竖起了大拇指。

儿子，你真是一个守规矩、懂礼貌的好孩子！爸爸希望你能继续保持这份优秀的品质，无论遇到什么事情都能坚守自己的原则和底线。儿子，爸爸真为你感到自豪！

教育专家告诉我

礼貌待人

遇到认识的人时,要主动打招呼。在与人交往的过程中,要使用礼貌用语,如请、谢谢、不客气等。

遵守公共场所礼仪

在公共场所要遵守规定,不大声喧哗、不随地吐痰、不乱扔垃圾等。在使用公共设施时,要自觉排队。

帮助他人

当看到别人需要帮助时,要主动伸出援手。

尊重长辈

敬爱家里的老人,尊重父母的意见和决定,与兄弟、姐妹友好相处。

我的理想是长大后做一名警察！

探索未来的职业方向！

青春期现象

1 我的爸爸是一名警察,我长大以后也要像爸爸一样做一名警察,保卫祖国和人民。

2 磊磊一直对太空非常感兴趣,他梦想着长大后能当一名宇航员,去探索太空。

3 小秦出身医生世家,他的太爷爷、爷爷和爸爸、妈妈都是医生,受家庭的影响,他从小就立志成为一名医生。

4 大家都有自己的理想职业,可我还不知道自己长大后要做什么。

青春期男孩大多都会畅想自己的未来,但碍于年龄、认知、环境等因素,可能无法真正确定自己未来的职业方向。如果青春期男孩对自己的未来很迷茫,不妨多看看书,培养一些兴趣、爱好,慢慢找到适合自己的职业方向。

爸爸告诉我

儿子，你今天放学回家有点儿不开心，你跟爸爸说语文老师让你们写一篇作文，作文的主题是"我长大后想做什么工作"。这让你很苦恼，因为你不清楚自己未来想做什么。

儿子，没关系，每个人都有对未来感到迷茫的时刻，你现在年龄还小，不清楚未来要做什么很正常。不过，爸爸希望你能尽快成长起来，好好想想自己的未来，对自己的未来能有一个清晰的规划。

儿子，爸爸建议你多尝试新鲜的事物，学习不同的课程，这样你才能发现自己真正感兴趣和擅长的事。另外，你也可以通过参加各种活动、向老师请教，或者上网搜索的方式来了解不同的职业信息。这都有助于你确定自己未来的职业方向。

儿子，人生充满了变化和诱惑，你现在的兴趣和想法都有可能随着时间的推移而发生改变。成长的道路上也会遇到无数的困难和挫折。爸爸希望你能有毅力和韧性，不被一时的困难所吓倒，有拼搏的勇气和精神，只有这样，你才可能收获成功。

教育专家告诉我

发掘兴趣、爱好

发掘自己的兴趣、爱好,阅读与兴趣、爱好有关的专业书籍;参加相关的活动和课程,深入地了解与兴趣、爱好有关的领域。

正确利用网络资源

利用网络资源了解不同的职业信息,比如工作内容、未来发展前景等。

向他人咨询

可以询问父母、老师的意见,父母和老师往往会结合我们的实际情况给我们有效的建议。

尝试新事物

勇于尝试新事物,拓宽自己的视野,发现自己感兴趣的事物,并将它发展成自己未来的职业方向。

做个高情商男孩!

青春期现象

1 我从不中途打断别人说话，因为我知道那是不礼貌的行为。当别人说话时，我能够耐心倾听，因此我有很多的好朋友。

2 同学把我的笔弄坏了，我虽然很心疼，但也没有冲同学发脾气。因为我觉得自己长大了，应该学会控制情绪。

3 我在轮滑比赛中获得了第一名，站在领奖台上的我很开心。但是，我告诉自己不能骄傲。

4 每个人都有优点和缺点，但那不是我们在背后议论他人的理由。我从不在背后议论别人，我觉得那是很不礼貌的行为。

不管在哪里，高情商的人都很受欢迎，他们能很快融入人群，获得别人的认可与赞赏。青春期是男孩培养高情商的关键期。高情商男孩一般都拥有良好的个人品质、良好的人际关系、正确的价值观等。

儿子，爸爸想就今天发生的事情跟你聊一聊！

今天，舅舅一家来我们家做客，他们落座后，你主动跟他们打招呼，给他们倒茶水，并把洗净的水果摆在桌子上。看到你这么做，舅妈连连夸你懂事，爸爸、妈妈也很开心。接着，你带表弟去你的房间玩玩具，还没玩一会儿，我们就听到表弟的哭声。我们来到你的房间，看到表弟正拿着你的坦克模型坐在地上大哭，他的腿边滚落着两个坦克车轮。你站在一旁脸上带着怒气。表弟说，他想玩坦克模型你不让，你们拉扯的时候，坦克车轮掉了，你很生气地说了他。

儿子，你一直说要做一个高情商的人，可是你今天的做法就不够高情商了。儿子，我觉得你当时应该冷静一下，然后拿别的玩具来转移表弟的注意力，那样他可能就会放下坦克模型，你们之间也不会发生冲突了。

儿子，爸爸时常告诉你，遇到问题要冷静，试着从另外的角度来解决问题，这次你是不是忘了呀？儿子，爸爸希望你能引以为戒，以后遇到问题不要这么莽撞了，一定要用智慧解决问题。

教育专家告诉我

建立良好的人际关系

日常生活中，要主动与他人交往，要学会理解他人、关心他人、尊重他人。培养幽默感和表达能力，扩展知识面，让自己成为一个有用、有趣的人。

控制好情绪

遇事要沉着冷静，控制好自己的情绪，不要因为一时的冲动而做出让自己后悔的事情。

认真倾听

高情商的人一般都善于倾听，他们能站在他人的立场上思考问题，具有同情心，能理解他人的感受和需求。

培养正确的价值观

多接触积极向上的文化、艺术、科技等方面的知识和信息，注重自我修养。

抛开虚荣，做认真、踏实的人！

青春期的不良现象

1 昊昊一直以来只穿名牌衣服，妈妈给他买的其他牌子的衣服他都不穿。

2 小烈喜欢炫耀自己的新东西，这天他又在同学面前炫耀他爸爸给他买的新手表。

3 同桌买了新款的钢笔，我也很想要一支这样款式的钢笔，但是我已经有很多支钢笔了。

4 班上的女生都在操场上看男生们打篮球，我故意摆出几个帅气的姿势，试图引起她们的注意。

追求物质享受，喜欢攀比、炫耀，好面子，这都是青春期男孩常见的爱慕虚荣的体现。虚荣心会导致男孩形成错误的价值观，这可能会影响他们的人际关系和个人成长。因此，青春期男孩要时刻提醒自己——不被外物所迷惑，保持正确的认知。

爸爸告诉我

儿子,今天我们来商场买自行车,爸爸看中了一辆比较适合你骑的自行车。你骑着自行车试了试,感觉也很不错。当我们决定买这辆自行车时,你突然看到橱窗里的限量款赛车。你跟我说,你们班的许伟也买了一辆这样的赛车,骑上去很酷,你也想买一辆。

儿子,爸爸知道你看到许伟有一辆赛车很羡慕,但我们不能因为同学买了赛车就产生攀比心理,我们应该从实际情况出发,根据自己的需要来做选择。赛车一般用于越野骑行或比赛中,它的速度快,不适合你上学或放学路上骑。而且,赛车的价格比普通自行车的价格高很多,这远远超出了我们的预算。要知道,爸爸给你买自行车主要是为了方便你上学,节省你上学路上的时间。所以,我们没有必要为了跟同学攀比而买赛车。

儿子,人不能盲目地攀比、炫耀和嫉妒,这都是不健康的心理表现。儿子,爸爸希望你能拥有正确的价值观。爸爸知道你从小就是一个懂事的孩子,能理解爸爸说的话。而且,最重要的是,爸爸觉得你刚刚骑自行车的样子真的很帅、很酷呢。

教育专家告诉我

树立正确的价值观
知道虚荣心是一种不健康的心理表现，树立正确的价值观，追求内心真正的满足和自我价值的实现。

培养自信心
接纳自己的优点和缺点，不过分追求完美，相信自己有足够的魅力和价值，不需要通过炫耀来证明自己。

我的书包还可以用。

学会感恩
理解父母的辛苦，懂得感恩，珍惜自己所拥有的，减少对物质的追求，这都有助于男孩形成正确的价值观。

家里的篮球还能用，不用买。

自我调节
当虚荣心出现时，要学会自我调节和控制，要理性思考并控制自己的行为。

做好自我管理可以增强男孩的自律性。礼貌待人有助于男孩人际关系的发展。独立自主、勤奋上进,更是每个男孩都应该具备的优良品质。

一个优秀的男孩,通常都注重自我管理,他们待人有礼貌,处事有分寸,独立自主,勤奋上进,最重要的是,他们懂得自我反省。因为自我反省能让他们不断地进步,不断地完善自我。

如果你有想对爸爸说的心里话,请写下来。

我的心里话

_____

_____

_____

_____

_____

第 6 章

社会篇

男孩进入青春期后，他周围的环境将会变得更加复杂。这个时候，男孩要知道什么是真正的朋友，要正确地看待金钱，要远离不良嗜好，更要对未来有一定的规划。因为这些都可能会影响男孩未来的成长和发展。

通过本章的阅读，男孩将对所处的环境有一个正确的认识，知道什么对自己有益，什么对自己有害，并在此基础上进一步思考、规划自己的未来。

谨慎对待
"哥们儿义气"!

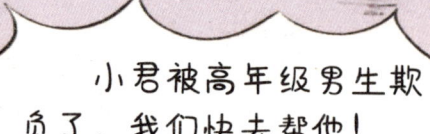

小君被高年级男生欺负了,我们快去帮他!

这些**不是**真正的**友谊**

1 小刚和小明是好朋友。每次考试时小刚都让小明帮他作弊。

2 小力和小军关系很好，小力不想写作业时，小军就会主动帮他写。

3 丁丁被社会青年欺负了，班上的"好兄弟"都来帮他了。

4 东东和小齐打架了，东东让他的好朋友们都来教训小齐。

真正的友谊应该建立在相互尊重、相互信任和相互帮助的基础上。"哥们儿义气"并不是真正的友谊。青春期男孩应该拒绝"哥们儿义气"，不拉帮结派，不和社会上的不良青年接触。

爸爸告诉我

儿子,你跟我说你的好哥们儿阿俊被高年级的男生欺负了,你要去帮他,不只是你,你们班的好几个男生都出动了。

儿子,爸爸希望你能冷静一下,切莫因冲动做出让自己后悔的事情。爸爸知道你和阿俊的关系很好,你看到他被欺负心里很不舒服,想为他打抱不平。但是儿子,就阿俊被欺负这件事,实际情况你究竟知道多少呢?

爸爸知道你其实并不知道事情的原委。你和同学们听说阿俊被欺负了,你们要维护自己的好哥们儿,于是决定一起去为阿俊出气。你们这么做属于盲目的"哥们儿义气",并不能真正帮助阿俊。而且,在这个过程中如果有人受伤,你们所有人都需要承担责任。

儿子,如果你真想帮阿俊解决问题,爸爸建议你先弄清楚事情的原委。如果真是高年级男生无故欺负阿俊,你们可以把这件事告诉老师,老师会根据校规对这些男生做出相应的处罚。儿子,如果你觉得爸爸的话有道理,那么现在我们就心平气和地去问问阿俊到底发生了什么事吧!

教育专家告诉我

了解情况
询问原因,问清楚发生了什么事,了解事情的来龙去脉。

保持冷静
保持冷静,不要采取过激行为,以免造成不必要的麻烦。

寻求帮助
如果情况严重,可以寻求学校老师或治安管理人员的帮助。给当事人一定的支持和鼓励,让他明白自己的背后还有可以信赖的人。

该存钱还是该消费？

青春期男孩要有理财意识

1 小帆在爸爸的引导下有了理财意识，他把过年时长辈给的压岁钱都存到了自己名下的银行卡里面。

2 明明为了买限量款的手办，把他存了半年的零花钱都拿了出来。

3 小虎喜欢吃零食，每天放学他都拿着零花钱去买那些没有营养的零食吃，这使得他越来越胖。

4 迪迪从不乱花钱，他总是把父母给的零花钱一部分存起来，一部分用来买学习用品。

青春期是个人成长和发展的关键期。青春期男孩应该树立正确的消费观念和理财观念，合理使用和管理自己的零花钱，珍惜金钱，理性消费，养成定期储蓄的好习惯。

爸爸告诉我

儿子，祝贺你在新年里收到了这么多压岁钱，这代表着长辈们对你的疼爱。

儿子，你跟爸爸说，你想用这些压岁钱买手办。儿子，爸爸完全理解你想拥有喜欢的手办的心情，但你要明白，这个世界上有很多我们喜欢的东西，如果我们见到什么就买什么，想买什么就买什么，没有节制地消费，那么我们有多少钱都是不够花的。人应该学会克制自己的欲望，更要学会理智消费，将钱用在正确的地方。

爸爸建议你将一部分压岁钱存入银行，以后有多余的零花钱也可以存进去，养成定期储蓄的好习惯。当然，你也可以用另一部分压岁钱买你喜欢的且价格适中的手办或者其他你感兴趣的东西，前提是你真的喜欢它。

儿子，存钱可以帮助你应对未来可能出现的危机，使你不至于在需要用钱的时候捉襟见肘。儿子，爸爸希望你在新的一年里能珍惜金钱，理解爸爸、妈妈赚钱养家的辛苦，养成存钱的好习惯，学会理财。

教育专家告诉我

理性消费

在购买物品时,应该考虑自己的实际需要和财务状况,避免浪费和不必要的开销。

学习理财

培养理财意识,学习理财知识和技能,养成定期存钱的好习惯。要明白理财是一个长期的过程,需要耐心和恒心。

制订预算

根据自身的实际情况,制订合理的预算计划,规划好自己的开支并严格执行。

别让不良嗜好
污染了花季色彩！

青春期的错误行为

1 小轩认识了两个社会青年，他经常跟着他们一起出入酒吧。

2 吸烟有害身体健康，未成年人更不能吸烟，但是昊昊却瞒着父母和老师学会了抽烟。

3 军军走进一家音像店，在角落里看到一张不适合未成年人看的光盘。他犹豫着要不要把它偷偷买回家。

4 阿豪辍学了，他整天跟着几个社会青年到处惹是生非。

不良嗜好对青春期男孩的危害很大，不仅影响男孩的身心健康和自身发展，情况严重的还会酿成无法挽回的后果，改变男孩一生的轨迹。所以，男孩应该自觉抵制不良嗜好。

爸爸告诉我

儿子,爸爸今天看见你抽烟,感到很痛心。爸爸知道,你正处于青春期,对一切都充满了好奇。你今天抽烟,可能也是出于好奇。你可能还觉得抽烟很酷,但是爸爸必须明确地告诉你,抽烟不仅是对自己的身体极不负责的表现,也是没有自控力的表现。

青春期是身体生长发育的关键期,长期抽烟会影响身体的正常发育,使身体的免疫力下降。如果你抽烟,香烟中的尼古丁、煤焦油等有毒物质会侵蚀你的肺、心脏乃至全身各个器官,使你的免疫力下降。而且,这些有毒物质会损害你的大脑,影响你的专注力和记忆力,长此以往,你的学习成绩也会跟着下降。

爸爸要强调的是,抽烟绝非成熟的标志,更无法彰显你的个性与魅力。真正的成熟,是学会自律,能对自己的身体健康和未来负责。爸爸要求你,从现在起,必须坚决地、毫不犹豫地戒除烟瘾。接下来,爸爸会帮你制订一个严格且可行的戒烟计划,每一步都要落实到位。儿子,爸爸相信你能战胜这个挑战,成为一个对自己负责的男子汉。

教育专家告诉我

学会控制自我

要有自控力，面对诱惑要学会自我抵制，要有自己的坚持和原则，不要轻易被他人所诱导。

建立健康的生活方式

保持健康的饮食习惯和作息习惯，同时，注意锻炼身体，增强体质。

避免接触不良环境

"近朱者赤，近墨者黑"，远离容易引发不良嗜好的环境，避免与有不良嗜好的人接触。

寻求帮助

如果有不良嗜好要积极改正，可与家人或专业人士交流，向他们寻求支持和帮助。

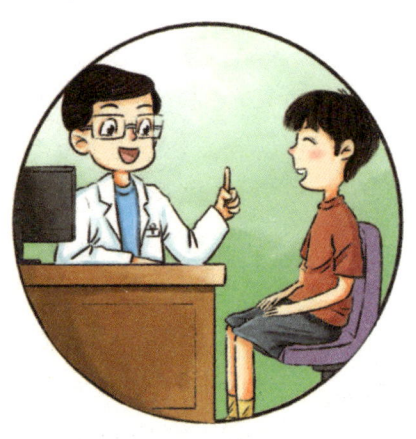

怎样面对成功和失败？

青春期的学习现象

1 小峰期中考试考了第一名，之后他就有点儿骄傲，感觉自己什么都会了，上课的时候也不愿意认真听讲了。

2 小海学习一直非常努力，不管取得多好的成绩，从来不骄傲，一如既往地认真学习。

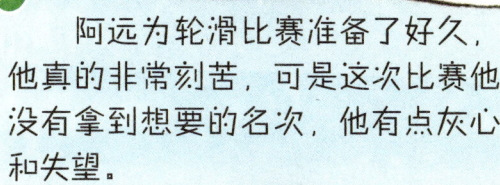

3 阿远为轮滑比赛准备了好久，他真的非常刻苦，可是这次比赛他没有拿到想要的名次，他有点灰心和失望。

4 小米经过坚持不懈的努力，终于在作文比赛中取得了第一名的好成绩。

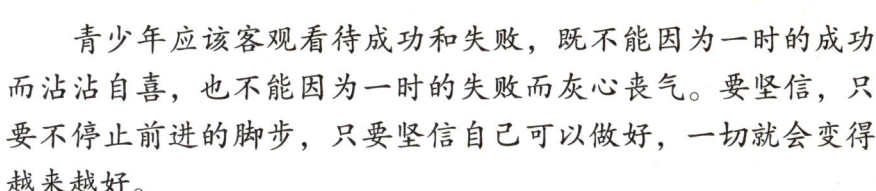

青少年应该客观看待成功和失败，既不能因为一时的成功而沾沾自喜，也不能因为一时的失败而灰心丧气。要坚信，只要不停止前进的脚步，只要坚信自己可以做好，一切就会变得越来越好。

爸爸告诉我

儿子,这次奥数比赛你没有拿奖,爸爸看到你很不开心。爸爸非常理解你,爸爸知道你为这次奥数比赛付出了很多努力。你在课余时间努力学习,不断钻研各种数学难题,你的这种学习态度让我很感动。虽然这次你没有拿奖,但这并不代表你的努力没有价值。

儿子,你千万不能因为这一次比赛而气馁,这不过是你人生中的一次极小的考验罢了,未来,你的人生当中将有更多更大的挑战。成长就是不断试错、不断改正的过程。参加奥数比赛本身就是一个挑战,你能在这里展示实力就已经很厉害了,很多人可能还没有勇气参加这种比赛呢。

儿子,爸爸想告诉你,失败不是终点,而是新的开始。这次奥数比赛的失利,可以让你更加清楚地认识到自己的不足,然后更加有针对性地进行自我提升。爸爸相信,有了这次的经验,你在下次奥数比赛中肯定能取得骄人的成绩。所以,儿子,不要难过和伤心了,现在就让我们打起精神来,好好放松一下吧。

"我得了92分！"
"我得了96分！"

不要过分比较

不管是成功还是失败都不要过分地与他人比较，比较只会带来不必要的压力和挫败感。相反，专注于自身的努力，反而更容易实现目标。

培养积极的心态

积极的心态可以帮助你更好地应对挑战，让你更加乐观地看待成功和失败。通过正面思考、自我激励和积极行动，可以培养积极的心态。

学会坚持和努力

成功需要持久的努力和坚持，不要因为一次或几次失败就放弃。要相信自己的能力，不断学习，不断进步。

寻求帮助和支持

遇到困难时，不要害怕向他人寻求帮助和支持，家人、朋友、老师都可以给你提供支持与帮助。

青春期现象

1 星期天，我完成了作业后会主动做家务活。我希望通过自己的实际行动分担爸爸、妈妈的辛苦。

2 爸爸、妈妈今天加班，我给他们准备了可口的饭菜。看到爸爸、妈妈开心的样子，我觉得这才是真正的幸福。

3 为了克服上台紧张的心理，我鼓起勇气报名了学校的演讲比赛。我感觉自己真是太勇敢了。

4 最近学习太累了，妈妈心疼我，会帮我收拾课桌。我觉得自己长大了，能自己做好的事情，就不能再麻烦大人了。

青春期，男孩逐渐从依赖父母的状态中走出来，开始具备独立思考的能力，遇到困难不再是第一时间寻求大人的帮助，而是自己想办法解决问题。男孩的这种状态是一种良好的成长状态。

爸爸告诉我

儿子，去年你刚读初一，你就主动跟爸爸、妈妈提出以后家庭成员每周轮流值日，轮到谁了谁就负责打扫那一周家里的卫生。听到你这么说，我和你妈妈都很意外，也很开心。我们想，儿子长大了，愿意主动分担家务了。

儿子，你一直做得很好，但是这学期轮到你值日时，你常常忘记打扫家里的卫生。爸爸还发现，你自己的袜子和外套常常堆了一堆还没有洗。儿子，爸爸知道你不是故意不做家务活的。这学期你报名参加了篮球社团、合唱社团，你每天都把自己的课外时间花在了打篮球和唱歌上。这个星期，你说自己没时间，于是，爸爸抽空帮你整理了房间，甚至你的衣服和袜子都是妈妈洗的。

儿子，爸爸知道你长大了，有自己的想法和喜好了，但是，爸爸也要给你提个建议——合理安排自己的时间，自己的事情自己做，不能顾此失彼。儿子，真正的长大是独立自主，是能做到合理规划，是不依赖、不麻烦他人。儿子，爸爸相信你可以做好，能成为一个顶天立地的男子汉。

培养良好的生活习惯

自己的事情自己做,包括洗衣服、整理房间等。刚开始的时候可能做不好,但是不要气馁,相信"熟能生巧",只要多做、坚持做,就一定能把事情做好。

学会独立思考

遇到问题时,不要盲目跟从他人,要学会独立地思考和分析问题,做出最正确的决定。

愿意接受挑战

不害怕失败和挫折,勇于尝试新事物。愿意通过不断地学习,提高自己的能力,增强自信心。

青春如此美好,但也隐藏着诸多陷阱。青春的友谊如此珍贵,但也让人善恶难辨。青春的成长充满无限可能,但也有各种不良诱惑。这些诱惑可能是金钱,可能是游戏,也可能是情感。男孩,你必须有充分的心理准备,控制住欲望和情绪,胜不骄,败不馁,做好当下,放眼未来,才能不负大好的青春时光。

"大鹏一日同风起,扶摇直上九万里",男孩,相信青春期的你已经准备好,去迎接未来的美好和挑战了。

如果你有想对爸爸说的心里话,请写下来。

我的心里话